A Mr AMBROISE THOMAS

Membre de l'Institut,

Directeur du Conservatoire National de Musique.

BIBLIOTHÈQUE NATIONALE R.F.

SOLFÈGE PRATIQUE

OU

NOUVELLE MÉTHODE

DE

LECTURE MUSICALE

BASÉE SUR L'ÉTUDE DES INTERVALLES DANS TOUS LES TONS
ET SUR LA DICTÉE VOCALE ET ÉCRITE

Renfermant 100 *Exercices et* 110 *Morceaux à 1, 2, 3 et 4 parties*
dans TOUS *les* TONS MAJEURS *et* MINEURS *extraits des Œuvres*

DE

BACH, HAENDEL, HAYDN, GLUCK, MOZART, BEETHOVEN, SCHUBERT,
RAMEAU, MÉHUL, GRÉTRY, MONSIGNY, PAËR, STRADELLA,
WEBER, MENDELSSOHN, MEYERBEER, AUBER, HALÉVY, BERLIOZ,
ROSSINI, BELLINI, BOIËLDIEU, ADAM, F. DAVID, A. THOMAS,
CH. GOUNOD, V. MASSÉ, C. SAINT-SAËNS, CH. VERVOITTE, F. A. GEVAERT,
L. de RILLÉ, A. SAINTIS, E. BOULANGER, C. de VOS, S. DAVID,
L. LACOMBE, S. NAUMBOURG, LÉO DELIBES, Edm. d'INGRANDE,
G. DUPREZ, A. de ROUBIN, CLAPISSON, SALIERI, WINTER, etc.

à l'usage des Orphéons et des Écoles

PAR

ALEXANDRE BRODY

Vm.

Première Partie, net: 75^c *brochée.* — *Deuxième Partie, net:* 2^f50 *brochée.*
Les deux Parties réunies et CARTONNÉES 3^f50 *net.*

NOTA. Tous les Exercices et Morceaux sont écrits sur l'une et l'autre Clef de Sol et de Fa, leur étendue restreinte les met à la portée de toutes les voix.

Paris, chez les principaux Editeurs de Musique
et chez l'AUTEUR, 16, rue de Lancry.

Propriété de l'Auteur. — Droits de reproduction et de traduction réservés pour tous pays.

(1)

1875

SOLFÉGE PRATIQUE

ou

NOUVELLE MÉTHODE DE LECTURE MUSICALE

par

ALEXANDRE BRODY

PREMIÈRE PARTIE.

1ère LEÇON.

Il y a pour désigner les sons que l'on emploie en musique les 7 noms suivants:

Ut ou Do, Ré, Mi, Fa, Sol, La, Si.

La Gamme.

La série de 7 sons: *Do, Ré, Mi, Fa, Sol, La, Si* se complète par l'adjonction d'un 8ème son qui s'appelle comme le 1er son: *Do* pour former la *gamme:*

Do, Ré, Mi, Fa, Sol, La, Si, do.
1 2 3 4 5 6 7 8

Exercice.

Dites par cœur les noms des 8 *sons* de la gamme d'abord *en montant* et ensuite *en descendant.*

Le 8me son peut représenter en même temps le 1er *son* d'une seconde gamme, composée des *mêmes noms* et par conséquent *pareille* à la première, mais dont les sons sont plus *aigus.*

Exemple: **Do, Ré, Mi, Fa, Sol, La, Si, do, ré, mi, fa, sol, la, si, do.**
1 ... 8-1 2 3 4 5 6 7 8

Exercices à lire (sans chanter) et à apprendre par cœur.

Montant:	Descendant:
Do, Ré, Mi, Fa, Sol, La, Si, do;	**do, Si, La, Sol, Fa, Mi, Ré, Do.**
Ré, Mi, Fa, Sol, La, Si, do, ré;	**ré, do, Si, La, Sol, Fa, Mi, Ré.**
Mi, Fa, Sol, La, Si, do, ré, mi;	**mi, ré, do, Si, La, Sol, Fa, Mi.**
Fa, Sol, La, Si, do, ré, mi, fa;	**fa, mi, ré, do, Si, La, Sol, Fa.**
Sol, La, Si, do, ré, mi, fa, sol;	**sol, fa, mi, ré, do, Si, La, Sol.**
La, Si, do, ré, mi, fa, sol, la;	**la, sol, fa, mi, ré, do, Si, La.**
Si, do, ré, mi, fa, sol, la, si;	**si, la, sol, fa, mi, ré, do, Si.**
do, ré, mi, fa, sol, la, si, do;	**do, si, la, sol, fa, mi, ré, do.**

Les 8 degrés de la Gamme.

Chacun des 8 sons de la gamme constitue relativement au son voisin *plus élevé* ou *plus grave* ce qu'on appelle un **degré**; la **gamme** se compose donc de 8 **degrés.**

Les Intervalles.

La *distance* entre un degré ou son et un autre degré ou son plus élevé ou plus grave se nomme *Intervalle.*

112. L.PARENT, Grav: R.Rodier 49. Paris Imp. MICHELET rue du Hasard 6.

L'Intervalle de SECONDE.

L'intervalle entre un degré et le degré *le plus proche* en *montant* ou en *descendant* se nomme: **Seconde.**

Exercice: Désignez la *Seconde montante* de *Do*, de *Ré*, de *Mi*, de *Fa* et de *Sol*; désignez la *Seconde descendante* de *do*, de *Si* et de *La*. (en *nommant* les sons, sans chanter).

L'Intervalle de TIERCE.

L'intervalle entre un degré et le 3ème *degré* en montant ou en descendant se nomme: **Tierce.**

Exercice: Désignez la *Tierce montante* de *Do*, de *Mi*, de *Sol* et de *La*; désignez la *Tierce descendante* de *do*, de *La*, de *Fa* et de *Mi*.

L'Intervalle de QUARTE.

L'intervalle entre un degré et le 4ème *degré* en montant ou en descendant se nomme: **Quarte.**

Exercice: Désignez la *Quarte montante* de *Do*, de *Ré* et de *Sol*; désignez la *Quarte descendante* de *Si*, de *La* et de *Fa*.

L'Intervalle de QUINTE.

L'intervalle entre un degré et le 5ème *degré* en montant ou en descendant se nomme: **Quinte.**

Exercice: Désignez la *Quinte montante* de *Do*, de *Fa* et de *Sol*; désignez la *Quinte descendante* de *do*, de *Si* et de *La*.

L'Intervalle de SIXTE.

L'intervalle entre un degré et le 6ème *degré* en montant ou en descendant se nomme: **Sixte.**

Exercice: Désignez la *Sixte montante* de *Do* et de *Ré*; désignez la *Sixte descendante* de *do* et de *Si*.

L'Intervalle de SEPTIÈME.

L'intervalle entre un degré et le 7ème *degré* en montant ou en descendant se nomme: **Septième.**

Exercice: Désignez la *Septième montante* de *Do* et de *Ré*; désignez la *Septième descendante* de *do* et de *La*.

L'Intervalle d'OCTAVE.

L'intervalle entre un degré et le 8ème *degré* en montant ou en descendant se nomme: **Octave.**

Exercice: Désignez l'*Octave montante* de *Do* et l'*Octave descendante* de *ré*.

Récapitulation des Intervalles.

Montez la SECONDE de *Ré* (toujours en *nommant* les sons, sans chanter;) Descendez la TIERCE de *Mi*; Montez la QUARTE de *Do*; Descendez la QUINTE de *Fa*; Montez la QUINTE de *Si*; Descendez la SECONDE de *Si*. Descendez la TIERCE de *La*; Montez la QUARTE de *Mi*; Descendez la QUARTE de *La*; Descendez la QUINTE de *La*. Montez la SECONDE de *Ré*; Montez la SIXTE de *Ré*; Montez la SEPTIÈME de *Sol*; Montez l'OCTAVE de *Fa*.

LES NOTES.

Pour représenter les sons on se sert des signes nommés: *notes*, dont les figures différentes servent à indiquer la durée plus ou moins longue de chaque son.

LA PORTÉE.

Les notes se placent sur une échelle de 5 lignes nommées: *portée*. La hauteur différente des sons dépend des positions différentes que les notes occupent sur la portée.

La portée se compose de 5 lignes et de 4 interlignes.

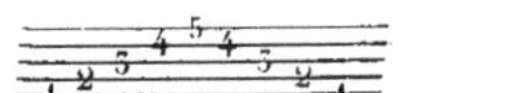

Les notes se posent sur les **5** *lignes*, dans les **4** *interlignes, au-dessus* et *au-dessous* de la portée.

Les notes plus aigues ou plus graves que les notes placées sur la portée se posent *sur* et *entre* des **lignes supplémentaires,** que l'on ajoute au-dessus ou au-dessous de la portée.

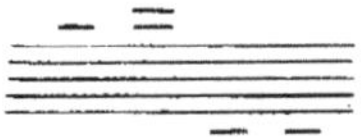

EXERCICE.

Désignez la place qu'occupe chacune des notes suivantes sur les lignes, dans les interlignes, sur les lignes supplémentaires, dessus et dessous.

L'ÉCHELLE MUSICALE.

Tous les sons réunis depuis le son le plus grave jusqu'au son le plus aigu forment *l'échelle musicale* qui se divise en *sons graves, sons intermédiaires* et *sons aigus.*

LES CLEFS.

Pour déterminer la place qu'occupent les sons différents dans l'échelle musicale et pour *déterminer leurs noms,* on met au commencement des portées des figures nommées *Clefs.*

Il y a 3 figures de *Clefs.*

1° **La Clef** de **Fa** 𝄢 pour voix et instruments graves.

Cette Clef se place sur la 4me *ligne* et détermine ainsi le nom de la note placée sur la 4me *ligne* et en même temps le nom de toutes les autres notes placées plus haut ou plus bas. EXEMPLE:

2°. La **Clef** de **Sol** 𝄞 pour voix et instruments aigus et intermédiaires.

Cette Clef se place sur la 2me *ligne*. EXEMPLE:

3°. La **Clef** d'**Ut** 𝄡 pour voix et instruments intermédiaires et aigus.

Cette Clef se place sur la 1ère *ligne* pour voix de *Soprano,* sur la 3me *ligne* pour voix de *Contralto,* sur la 4me *ligne* pour voix de *Ténor.* EXEMPLE:

Les 3 Clefs d'**Ut** sont généralement remplacées par la Clef de **Sol** dont la note *Do*, placée au dessous de la portée occupe dans l'échelle musicale la même hauteur et est ainsi à *l'unisson* avec les 3 *Do* de la 1ère, 3me et 4me ligne des 3 Clefs d'**Ut**. EXEMPLE.

EXERCICES POUR APPRENDRE À LIRE LES NOTES.

On ajoutera mentalement à ces exercices la clef de Sol 𝄞 ou la clef de Fa 𝄢 selon la voix de l'élève et on les lira ensuite.

2me LEÇON.

Exercices d'intonation sur la Seconde DO-RÉ.

Exercices d'intonation sur la Tierce DO-MI.

Exercices d'intonation sur la Quarte DO-FA.

DICTÉES VOCALES.

Après avoir suffisamment étudié les exercices d'intonation précédents le maître *vocalisera* lentement on jouera sur un instrument chacun de ces exercices groupe par groupe en accentuant toujours la 1re note de chaque groupe et les élèves répéteront ensuite les mêmes groupes *en solfiant*, c'est-à-dire en chantant le nom des notes.

ÉTUDE DE TOUS LES INTERVALLES
de la Gamme de Do.

3me LEÇON.

LES 5 TONS ET LES 2 DEMI-TONS.

La gamme renferme entre ses 8 degrés sept intervalles de *seconde* qui forment 5 *tons* et 2 *demi-tons* ainsi disposés:

SECONDES MAJEURES (1 Ton). – SECONDES MINEURES (½ Ton).

L'intervalle d'*un ton* entre un degré et son degré le plus proche en montant ou en descendant se nomme: *seconde majeure;* celui d'un *demi-ton* se nomme: *seconde mineure.* La gamme se compose donc de 5 *secondes majeures* et de 2 *secondes mineures.*

EXERCICES SUR LES SECONDES.

EXERCICE D'INTONATION SUR LES SECONDES MAJEURES ET MINEURES.

Descendez la 2de maj: de *Sol;* Descendez la 2de min: de *Fa;* Montez la 2de maj: de *Fa;* Descendez la 2de maj: de *La;*
Montez la 2de min: de *Si;* Montez la 2de maj: de *do;* Descendez ½ ton de *do;* Montez 1 ton de *La;*
Descendez la 2de maj: de *Sol;* Descendez la 2de min: de *Fa;* Montez la 2de maj: de *Ré;* Descendez la 2de maj: de *Ré.*

RÉCAPITULATION DES SECONDES.

DICTÉE VOCALE DE LA RÉCAPITULATION PRÉCÉDENTE.

Cette dictée comme toutes les dictées suivantes sera d'abord lentement *vocalisée* par le maître (toujours 2 ou 4 notes à la fois), et les élèves répèteront les mêmes notes par cœur en *solfiant.*

4me LEÇON.

TIERCES MAJEURES (2 Tons).

La *Tierce* composée de 2 *tons* ou de 2 *secondes majeures* se nomme *Tierce majeure.*

Exercice sur les 3 Tierces majeures de la gamme.

23

1 majeure · 2 majeure · 3 majeure · 4 majeure · 5 majeure · 6 majeure · 7 majeure · 8 majeure · 9 majeure · 10 majeure · 11 majeure · 12 majeure

DICTÉE DE L'EXERCICE PRÉCÉDENT.

TIERCES MINEURES (1 Ton et ½).

La *Tierce* composée d'*un ton* et d'un *demi-ton* ou d'une *seconde majeure* et d'une *seconde mineure* se nomme *Tierce mineure.*

Exercice sur les 4 Tierces mineures de la gamme.

24

1 mineure · 2 mineure · 3 mineure · 4 mineure · 5 mineure · 6 mineure · 7 mineure · 8 mineure · 9 mineure · 10 mineure · 11 mineure · 12 mineure

DICTÉE VOCALE DE L'EXERCICE PRÉCÉDENT.

Exercices sur les Tierces.

25

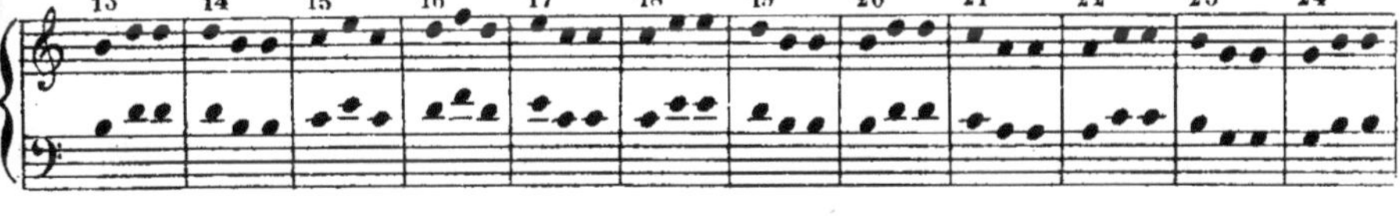

25 26 27 28 29 30 31 32 33 34 35 36

DICTÉE VOCALE.

Exercice d'intonation sur les Tierces majeures et mineures.

Descendez la 3ce maj: de *Mi;*	Montez la 3ce min: de *Ré;*	Descendez la 3ce maj: de *La;*	Montez la 2de min: de *Mi,*
Montez la 3ce maj: de *Sol;*	Montez la 3ce min: de *Si;*	Descendez la 2de min: de *do;*	Montez la 3ce min: de *Si,*
Descendez la 3ce maj: de *Si;*	Montez la 3ce min: de *Mi;*	Descendez la 3ce min: de *Fa;*	Montez la 2de maj: de *Do.*

RÉCAPITULATION DES TIERCES.

Dans cet exercice les *Tierces mineures* qui renferment un des 2 *demi-tons* de la Gamme « MI-FA ou SI-DO » sont indiquées par ½.

DICTÉE VOCALE DE LA RÉCAPITULATION PRÉCÉDENTE.

EXERCICES À 2 PARTIES.

27

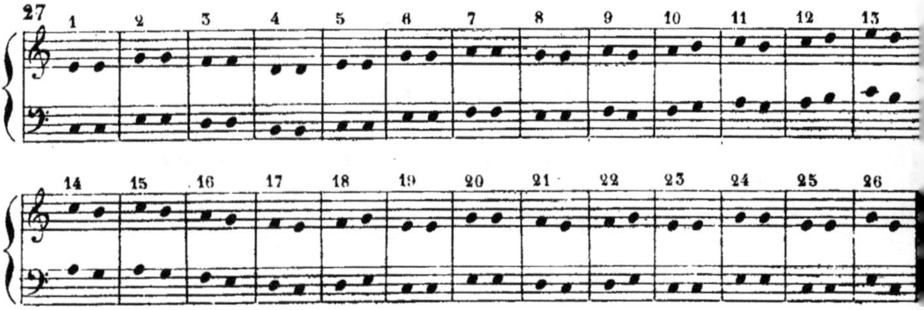

28

5me LEÇON.

QUARTES JUSTES (2 Tons et ½ Ton).

La *Quarte* composée de 2 *tons* et un ½ *ton* ou d'une *tierce majeure* et d'une *seconde mineure* ou d'une *tierce mineure* et d'une *seconde majeure* se nomme *Quarte juste*.

Exemple: Do-Mi, Mi-Fa, Do-Fa, Ré-Fa, Fa-Sol, Ré-Sol.
2 tons. ½ ton. 4te juste. 3ce min: 2de maj: 4te juste.

Exercice sur les 6 Quartes justes de la gamme.

DICTÉE VOCALE DE L'EXERCICE PRÉCÉDENT.

LA QUARTE AUGMENTÉE (3 Tons).

La *Quarte* composée de 3 *tons* ou d'une *tierce majeure* et d'une *seconde majeure* se nomme *Quarte augmentée*.

Exemple: Fa-Sol, Sol-La, La-Si, Fa-Si ou Fa-La, La-Si, Fa-Si.
1 ton. 1 ton. 1 ton. 4te augm: 3ce maj: 2de maj: 4te augm:

Exercice sur la Quarte augmentée.

DICTÉE VOCALE DE L'EXERCICE PRÉCÉDENT.

Exercice sur les Quartes.

Exercice d'intonation sur les 6 Quartes justes et la Quarte augmentée.

Montez la 4te juste de *Sol;*	Descendez la 3ce maj: de *Si;*	Descendez la 4te juste de *Sol;*	Descendez la 3ce min: de *Sol;*
Montez la 4te juste de *Mi;*	Montez la 4te augm: de *Fa;*	Descendez la 3ce maj: de *La;*	Descendez la 4te augm: de *Si;*
Montez la 3ce min: de *Si;*	Descendez la 3ce min: de *Fa;*	Montez la 4te augm: de *Fa;*	Descendez la 4te juste de *do;*
Montez la 3ce maj: de *do;*	Descendez la 4te juste de *re;*	Montez la 4te juste de *Si;*	Descendez la 3ce maj: de *Si;*
Descendez la 3ce maj: de *La;*	Montez la 4te augm: de *Fa;*	Descendez la 3ce min: de *Fa;*	Descendez la 4te juste de *Sol*

6me LEÇON.

QUINTES JUSTES (TIERCE MAJEURE ET TIERCE MINEURE).

La *Quinte* composée d'une *tierce majeure* et d'une *tierce mineure* ou d'une *tierce mineure* et d'une *tierce majeure* se nomme *Quinte juste*.

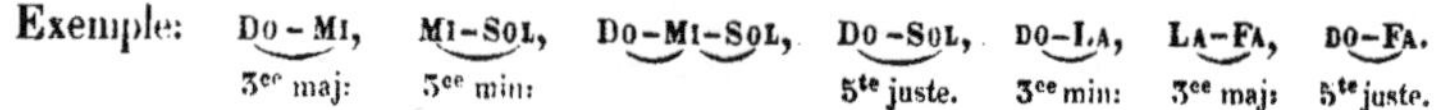

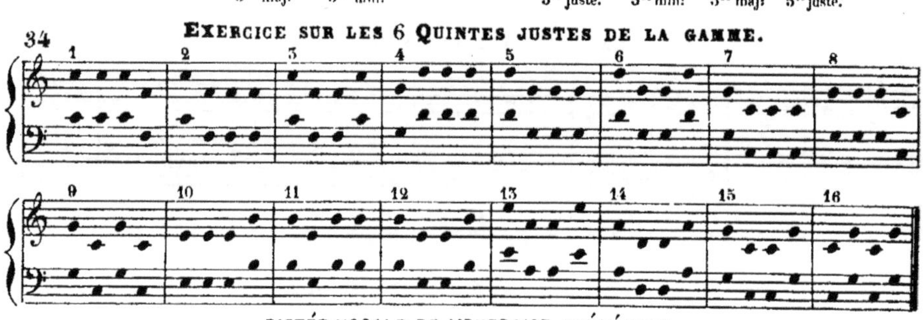

DICTÉE VOCALE DE L'EXERCICE PRÉCÉDENT.

LA QUINTE DIMINUÉE (2 TIERCES MINEURES).

La *Quinte* composée de 2 *tierces mineures* se nomme *Quinte diminuée*.

DICTÉE VOCALE DE L'EXERCICE PRÉCÉDENT.

Exercice sur les Quintes.

36

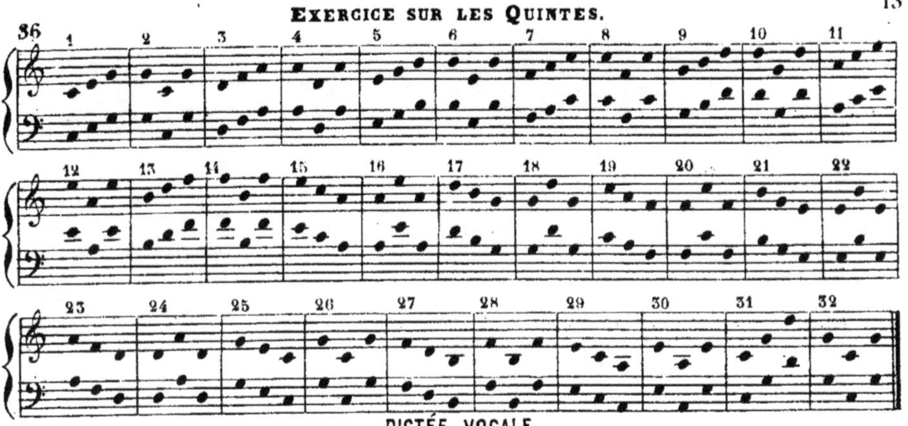

DICTÉE VOCALE.

Exercice d'intonation sur les Quintes justes et la Quinte diminuée.

Montez la 5te juste de *Fa;* Descendez la 5te juste de *do;* Montez la 5te juste de *Ré;* Descendez la 5te juste de *La;*
Descendez la 4te juste de *La;* Descendez la 4te juste de *Sol;* Montez la 5te juste de *Sol;* Montez la 5te juste de *La;*
Descendez la 4te juste de *ré;* Descendez la 4te augm: de *Si;* Descendez la 5te dim: de *Fa;* Montez la 5te juste de *Re;*
Descendez la 5te juste de *Si;* Descendez la 3^{ce} min: de *Fa;* Descendez la 5te dim: de *Fa;* Montez la 4te augm: de *Fa,*
Montez la 5te juste de *Fa;* Descendez la 3^{ce} maj: de *La;* Montez la 3^{ce} maj: de *Sol;* Descendez la 3^{ce} min: de *ré;*
Descendez la 5te juste de *Si;* Montez la 3^{ce} min: de *Mi;* Descendez la 3^{ce} min: de *do;* Montez la 4te juste de *do;*
Descendez la 4te juste de *do;* Descendez la 2de min: de *Fa;* Descendez la 2de maj: de *Sol;* Montez la 5te juste de *Fa.*

Récapitulation des Quintes.

37

7me LEÇON.

SIXTES MAJEURES (Quarte juste et Tierce maj: ou Quarte augm: et 3^{ce} min:)

La *Sixte* composée d'une *quarte juste* et d'une *tierce majeure* ou d'une *quarte augmentée* et d'une *tierce mineure* se nomme *Sixte majeure.*

Exemple: Do-Fa, (4te juste.) Fa-La, (3^{ce} maj:) Do-Fa-La, Do-La. (6te maj:) Ré-Fa-Si, (3^{ce} min: 4te aug:) Ré-Si. (6te maj:)

Exercice sur les 4 Sixtes majeures.

38.

SIXTES MINEURES (Quarte juste et Tierce mineure).

La *Sixte* composée d'une *quarte juste* et d'une *tierce mineure* se nomme *Sixte mineure.*

Exemple: Mi-La, (4te juste.) La-Do, (3^{ce} min:) Mi-Do. (6te min:)

Exercice sur les 3 Sixtes mineures.

39

Exercice sur les Sixtes.

DICTÉE VOCALE.

Exercice d'intonation sur les Sixtes majeures et mineures.

Montez la 6te maj: de *Ré;*
Montez la 6te min: de *Mi;*
Descendez la 6te min: de *Sol;*
Montez la 2de min: de *Mi;*
Descendez la 6te maj: de *mi;*

Descendez la 5te juste de *Si;*
Descendez la 4te juste de *Sol;*
Montez la 3ce maj: de *Fa;*
Montez la 5te juste de *Fa;*
Montez la 6te maj: de *Fa;*

Descendez la 3ce min: de *do;*
Montez la 6te maj: de *Do;*
Descendez la 4te augm: de *Si;*
Montez la 6te maj: de *Sol;*
Descendez la 6te min: de *do;*

Descendez la 4te juste de *La;*
Montez la 5te juste de *Ré;*
Descendez la 6te maj: de *Si;*
Descendez la 3ce maj: de *mi;*
Descendez la 5te juste de *do.*

Récapitulation des Sixtes.

DICTÉE VOCALE DE L'EXERCICE PRÉCÉDENT.

8me LEÇON.

SEPTIÈMES MAJEURES (Quinte juste et Tierce majeure).

La *Septième* composée d'une *quinte juste* et d'une *tierce majeure* se nomme *Septième majeure.*

Exemple: Do-Sol, Sol-Si, Do-Sol-Si, Do-Si.
5te juste. 3ce maj: 7e maj:

Exercice sur les 2 Septièmes majeures de la gamme.

SEPTIÈMES MINEURES (Quinte juste et Tierce mineure).

La *Septième* composée d'une *quinte juste* et d'une *tierce mineure* se nomme *Septième mineure.*

Exemple: Ré-La, La-Do. Ré-La-Do, Ré-Do. — Do-Fa-Ré, Do-Ré.
5te juste. 3ce min: 7e min: 5te juste. 3ce min: 7e min.

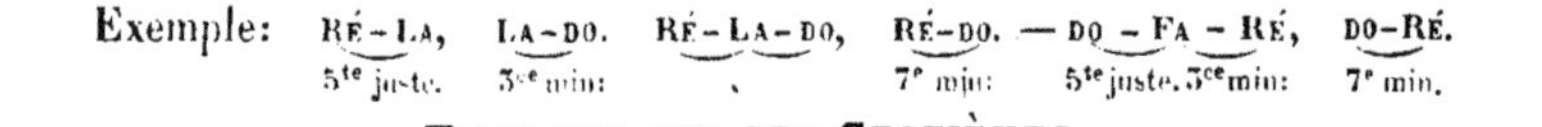

Exercice sur les Septièmes.

Récapitulation des Septièmes.

44

DICTÉE VOCALE DE L'EXERCICE PRÉCÉDENT.

9me LEÇON.

OCTAVES JUSTES (Quinte juste et Quarte juste).

L'*Octave* composée d'une *quinte juste* et d'une *quarte juste* se nomme *Octave juste*.

Exemple: Do–Sol, (5te juste.) Sol–Do, (4te juste.) Do–Sol–Do, (5te juste. 4te juste.) Do–Do. (8ve juste.)

Exercice sur les Octaves justes.

45

DICTÉE VOCALE DE L'EXERCICE PRÉCÉDENT.

Exercices d'Intonation sur tous les Intervalles de la Gamme de Do.

1°	Montez la 3^{ce} maj: de *Do;*	Desc: la 3^{ce} min: de *do;*	Montez la 5te juste de *Do;*	Desc: la 5te juste de *do;*
	Montez la 7e maj: de *Do;*	Desc: la 7e min: de *do;*	Montez la 2de maj: de *Do;*	Desc: la 2de min: de *do;*
	Montez la 4te juste de *Do;*	Desc: la 4te juste de *do;*	Montez la 6te maj: de *Do;*	Desc: la 6te min: de *do;*
2°	Montez la 3^{ce} min: de *Ré;*	Desc: la 3^{ce} min: de *ré;*	Montez la 5te juste de *Ré;*	Desc: la 5te juste de *ré;*
	Montez la 7e min: de *Ré;*	Desc: la 7e min: de *ré;*	Montez la 2de maj: de *Ré;*	Desc: la 2de maj: de *ré;*
	Montez la 4te juste de *Ré;*	Desc: la 4te juste de *ré;*	Montez la 6te maj: de *Ré;*	Desc: la 6te maj: de *ré;*
3°	Montez la 3^{ce} min: de *Mi;*	Desc: la 3^{ce} maj: de *mi;*	Montez la 5te juste de *Mi;*	Desc: la 5te juste de *mi;*
	Montez la 7e min: de *Mi;*	Desc: la 7e maj: de *mi;*	Montez la 2de min: de *Mi;*	Desc: la 2de maj: de *mi;*
	Montez la 4te juste de *Mi;*	Desc: la 4te juste de *mi;*	Montez la 6te min: de *Mi;*	Desc: la 6te maj: de *mi;*
4°	Montez la 3^{ce} maj: de *Fa;*	Desc: la 3^{ce} maj: de *Si;*	Montez la 5te juste de *Fa;*	Desc: la 5te juste de *Si;*
	Montez la 7^{e} maj: de *Fa;*	Desc: la 7^{e} maj: de *Si;*	Montez la 2de maj: de *Fa;*	Desc: la 2de maj: de *Si;*
	Montez la 4te augm: de *Fa;*	Desc: la 4te augm: de *Si;*	Montez la 6te maj: de *Fa;*	Desc: la 6te maj: de *Si;*
5°	Desc: la 4te juste de *Mi;*	Desc: la 5te dimin: de *Fa;*	Desc: la 6te min: de *Sol;*	Desc: la 7^{e} min: de *La;*
	Desc: la 8^{e} juste de *Si;*	Montez la 4te juste de *Sol;*	Desc: la 7e min: de *Sol;*	Montez la 5te juste de *Sol;*
	Desc: la 4te juste de *La;*	Desc: la 3^{ce} maj: de *La;*	Montez la 7e min: de *Sol;*	Desc: la 6te maj: de *La.*

10me LEÇON.

LES 7 FIGURES DE NOTES.

Chaque son peut être d'une *durée* plus ou moins longue. Ces différentes *durées* de son sont représentées par les 7 figures de notes suivantes:

1° La **Ronde**

2° La **Blanche**, dont la durée est la moitié de la *Ronde*; ainsi une *Ronde* vaut 2 *Blanches*. EXEMPLE:

3° La **Noire**, dont la durée est la moitié de la *Blanche*; ainsi une *Blanche* vaut 2 *Noires*. EXEMPLE:

4° La **Croche**, dont la durée est la moitié de la *Noire*; ainsi une *Noire* vaut 2 *Croches*. EXEMPLE:

5° La **Double Croche**, dont la durée est la moitié de la *Croche*; ainsi une *Croche* vaut 2 *Doubles Croches*. EXEMPLE:

6° La **Triple Croche**, dont la durée est la moitié de la *Double Croche*; ainsi une *Double Croche* vaut 2 *Triples Croches*. EXEMPLE:

7° La **Quadruple Croche**, dont la durée est la moitié de la *Triple Croche*; ainsi une *Triple Croche* vaut 2 *Quadruples Croches*. EXEMPLE:

VALEUR RELATIVE DE LA RONDE.

= 1 2 = 1 2 3 4 = 1 8 *) = 1 16 *) = 32 Triples Croches.

VALEUR RELATIVE DE LA BLANCHE.

= 1 2 = 1 2 3 4 = 1 8 = 1 16 *) = 32 Quadruples Croches.

VALEUR RELATIVE DE LA NOIRE.

= 1 2 = 1 2 3 4 = 1 8 = 16 Quadruples Croches.

VALEUR RELATIVE DE LA CROCHE.

= 1 2 = = 1 8

VALEUR RELATIVE DE LA DOUBLE CROCHE.

= 1 2 =

*) Lorsque plusieurs Croches, Doubles Croches ou Triples Croches se suivent on les écrit souvent de cette manière:

EXERCICES.

1° Combien 16 croches forment elles de noires, blanches, rondes et doubles croches?

2° Combien 32 doubles croches forment elles de croches, noires, blanches, rondes et triples croches?

3° Combien 3 blanches forment elles de noires et 3 noires combien de doubles croches?

LES 7 FIGURES DE SILENCES.

Une suite de sons peut être interrompue par *l'absence* de l'une ou de l'autre des 7 figures de notes. Cette interruption s'indique par une des 7 figures de *Silences*, qui correspond exactement a une des 7 valeurs de notes.

Voici les 7 figures de **Silences**:

1°	La PAUSE, qui indique l'absence de la	RONDE	o	dont elle représente la même durée.
2°	La DEMI PAUSE	" "	BLANCHE		" " "
3°	Le SOUPIR	" "	NOIRE		" " "
4°	Le DEMI SOUPIR	" "	CROCHE		" " "
5°	Le QUART DE SOUPIR	" "	DOUBLE CROCHE		" " "
6°	Le HUITIÈME DE SOUPIR	" "	TRIPLE CROCHE		" " "
7°	Le SEIZIÈME DE SOUPIR	" "	QUADRUPLE CROCHE		" " "

EXERCICES.

1° Désignez les *valeurs* de *notes* correspondantes aux *silences* suivants:

2° Désignez les *silences* qui remplacent les *valeurs* de *notes* suivantes:

LE POINT.

Un *point* placé à côté d'une note ou d'un silence prolonge la note ou le silence de la moitié de sa valeur primitive.

EXEMPLE: o· = o et o = ... et ...

LE DOUBLE POINT.

Un *second* point augmente la valeur d'une note ou d'un silence de la moitié du premier point.

EXEMPLE:

BIBLIOTHÈQUE NATIONALE R.F.

Exercice.

Désignez la valeur des notes et silences ci-dessous.

11me LEÇON

DE LA MESURE.

Un morceau de musique se compose d'un nombre de *groupes* de notes et de silences placés entre 2 petites *barres*. Chacun des groupes du même morceau doit renfermer une somme *égale* de valeurs de notes ou de silences et se nomme: *mesure*. La dernière mesure d'un morceau est indiquée par une *double barre*.

Exemples.

1° Mesures de la valeur totale de 2 noires. — 12 | 1 2 | 1 2 | 1 2 | 1 2 | 1 2 | 1 2 | 1 2

2° " " " 3 noires. — 123 | 1 2 3 | 1 2 3 | 12 3 | 1 23 | 1 2 3 | 1 23 | 12 3

3° " " " 4 noires. — 1234 | 12 34 | 123 4 | 12 3 4 | 1 2 3 4 | 1 234

LES TEMPS.

Les *mesures* se divisent à leur tour en 2, 3 ou 4 parties égales nommées: *temps*. Chaque temps forme ou réunit la valeur d'une blanche, — d'une noire, — d'une croche, — ou d'une double croche, chaque temps représente ainsi la **Moitié** ($1/2$), — le **Quart** ($1/4$), — le **Huitième** ($1/8$), — ou le **Seizième** ($1/16$) de la Ronde.

LES CHIFFRES POUR INDIQUER LA VALEUR TOTALE DE CHAQUE MESURE.

On place au commencement d'un morceau de musique généralement 2 *chiffres* dont le supérieur indique le *nombre* des temps de chaque mesure et l'inférieur la *valeur* de chacun de ces temps.

Exemples.

$2/4$ = 2 Quarts de la Ronde = 2 noires;	$3/4$ = 3 Quarts de la Ronde	= 3 noires;
$3/8$ = 3 Huitièmes " = 3 croches;	$2/2$ = 2 Moitiés "	= 2 blanches;
$4/4$ = 4 Quarts " = 4 noires;	$3/2$ = 3 Moitiés "	= 3 blanches.

La mesure de $4/4$ s'indique aussi par le chiffre 4 ou le plus souvent par la lettre C.

La mesure de $2/2$ s'indique par 2 ou par ₵.

Exercice.

Indiquez le nombre et la valeur des temps de chacune des mesures suivantes:

$\frac{2}{1}$ $\frac{2}{2}$ C 2 $\frac{2}{4}$ $\frac{3}{2}$ $\frac{3}{4}$ $\frac{3}{8}$ $\frac{4}{2}$ $\frac{4}{4}$ $\frac{4}{8}$ C 4

MESURES À TEMPS BINAIRES OU MESURES SIMPLES.

On appelle mesures à *temps binaires* celles dont chaque temps peut être divisé en 2 *parties égales*.

Exemple.

$\frac{3}{8} = 3 \times 2$ doubles croches; $C = 4 \times 2$ croches; $\frac{2}{2} = 2 \times 2$ noires.

Voici les mesures les plus usitées à temps binaires.

$\frac{2}{4}$, $\frac{3}{4}$, $\frac{4}{4}$ ou C, $\frac{2}{2}$ ou ¢ et $\frac{3}{8}$.

MESURES À TEMPS TERNAIRES OU MESURES COMPOSÉES.

On appelle mesures à *temps ternaires*, celles qui se composent de 2×3, de 3×3 ou de 4×3 valeurs. Ces mesures se réduisent en mesures à 2, à 3 et à 4 temps; ainsi chaque *temps ternaire* représente une *note pointée*.

Exemple.

$\frac{6}{8} = 2\times3$ croches $= 2$ noires pointées.— $\frac{6}{8}$ = ♪♪♪ ♪♪♪ (1, 2) = ♩. ♩. = Mesure à 2 temps ternaires.

TEMPS FORTS ET TEMPS FAIBLES.

Le 1er *temps* de chaque mesure est généralement plus accentué que les autres temps et s'appelle: *temps fort*. Dans la mesure à 4 temps, que l'on regarde comme une réunion de 2×2 temps, c'est encore le 3me *temps* qu'il faut accentuer. Les temps non accentués s'appellent: *temps faibles*.

Exercice: Désignez les temps *faibles* dans les mesures à 2, à 3 et à 4 temps.

MANIÈRE DE BATTRE LA MESURE.

On indique les différents temps forts et faibles de chaque mesure en frappant de la main

en bas! (1) et *en haut!* (2) .... dans la mesure à 2 temps (2 / Un!)

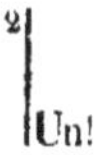

en bas! (1) *à droite!* (2) et *en haut!* (3) .... dans la mesure à 3 temps (3 / 2 / Un!)

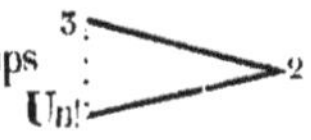

en bas! (1) *à gauche!* (2) *à droite!* (3) et *en haut!* (4) dans la mesure à 4 temps (4 / 2 / Trois! / Un!)

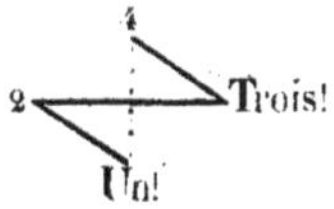

DICTÉE VOCALE.

Chacun des exercices suivants, après avoir été suffisamment étudié à livre ouvert peut servir de **dictée vocale.** Sont exceptés les exercices qui offrent au commençant trop de difficultés pour le rhythme.

EXERCICES SUR LES MESURES À TEMPS BINAIRES.

MESURE À 2 TEMPS BINAIRES (2/4).

Mesure à 4 temps (C).

12me LEÇON.

Exercices sur le Soupir.*)

1° Solfiez les exercices 46, 47, 49, 50 et 51 en remplaçant toujours le 1er temps de chaque mesure par un Soupir.
2° Solfiez les mêmes exercices . . . . " " 2e temps " " Soupir.
3° Solfiez les exercices 47, 49 et 51 " " 3e temps " " Soupir.
4° Solfiez les exercices 49 et 51 " " 4e temps " " Soupir.

Exercice sur le Demi-Soupir.

Solfiez l'exercice 48 en remplaçant le 2e temps de chaque mesure par un Demi-Soupir.

Exercices sur la Demi-Pause.

1° Solfiez les exercices 49 et 51 en remplaçant le 1er et le 2e temps de chaque mesure par une Demi-Pause.
2° Solfiez les mêmes exercices en remplaçant le 3e et le 4e temps " " Demi-Pause.
3° " " " 2e et le 3e temps " " Demi-Pause.

*) Chacun de ces exercices doit toujours être précédé de la Récapitulation du même exercice, *tel qu'il est écrit, sans silences.*

13me LEÇON.

MESURES À TEMPS TERNAIRES OU MESURES COMPOSÉES.

Exemples.

6/8 = 2 × 3/8 = 2 × 3 croches = 2 noires pointées = **Mesure à 2 temps ternaires.**
9/8 = 3 × 3/8 = 3 × 3 croches = 3 noires pointées = **Mesure à 3 temps ternaires.**
12/8 = 4 × 3/8 = 4 × 3 croches = 4 noires pointées = **Mesure à 4 temps ternaires.**

Voici les mesures les plus usitées à temps ternaires.

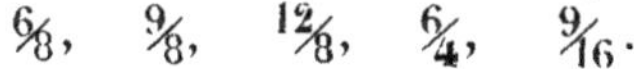

Mesure à 2 temps ternaires (6/8).

MESURE À 3 TEMPS TERNAIRES (9/8).
53
LA LIAISON. Ce signe de liaison ⌢ ou ⌣ placé au-dessus ou au-dessous de plusieurs notes à l'unisson les unit de sorte qu'elles ne forment qu'une seule note. Cette liaison s'emploie où le point d'augmentation ne suffit plus pour la prolongation voulue d'une note.
54
Do o La a Do o La a So ol Mi
LA SYNCOPE. Une liaison qui part d'un temps faible qu'elle réunit à un temps fort transforme généralement ce temps faible en temps fort et s'appelle syncope.
55
LA PARTIE FORTE ET LA PARTIE FAIBLE DE CHAQUE TEMPS. Chaque temps d'une mesure quelconque peut se subdiviser en 2 parties dont la 1ère forme la partie forte et la 2de la partie faible.
EXEMPLE.
LES CONTRE-TEMPS. Les temps faibles et parties faibles d'une mesure se nomment: Contre-temps, quand ils ne sont pas précédés de leurs temps forts ou parties fortes.
56
LA MESURE INCOMPLÈTE. La première mesure d'un morceau ne consiste quelquefois qu'en une ou quelques notes, dont la valeur totale ne forme qu'une mesure incomplète. On suppose alors cette mesure complétée par des silences, en comptant et en battant la mesure à partir du 1er temps.
EXEMPLE.
MESURE À 2 TEMPS (2/4).
57

58
59
60
61
62
63

64

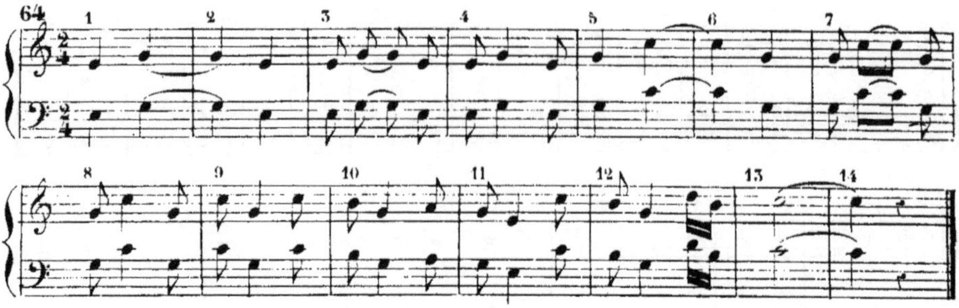

65

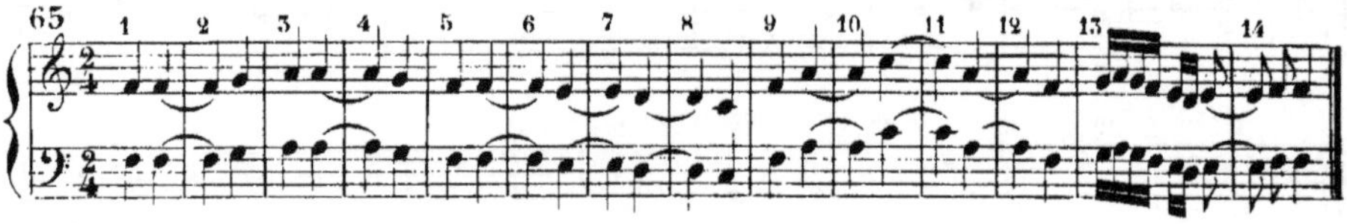

66*)

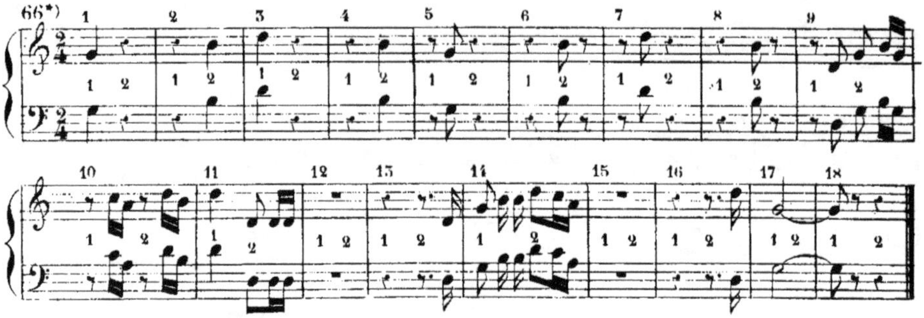

14me LEÇON.

TRIOLETS.

Chaque valeur d'une mesure quelconque peut se subdiviser en 3 parties égales qui s'appellent: *triolet* et qui ont la même durée que les 2 parties dont la valeur se compose:

*) Au lieu de suivre l'ordre des exercices on pourra passer les Nos 66, 72, 76, 80, 83 et 86 pour les étudier dans la Seconde Partie, aux endroits indiqués.

69
70
71
72
Mesure à 3 temps (3/4).
73
74

75
76
77
78
Mesure à 3 temps (3/8).
79
80

LE DOUBLE TRIOLET.

En transformant les **2** *parties* d'un temps ou **2** *temps consécutifs* d'une mesure en **2 triolets** on obtient: le **Double-triolet.**

EXEMPLES.

MESURE À 4 TEMPS (C).

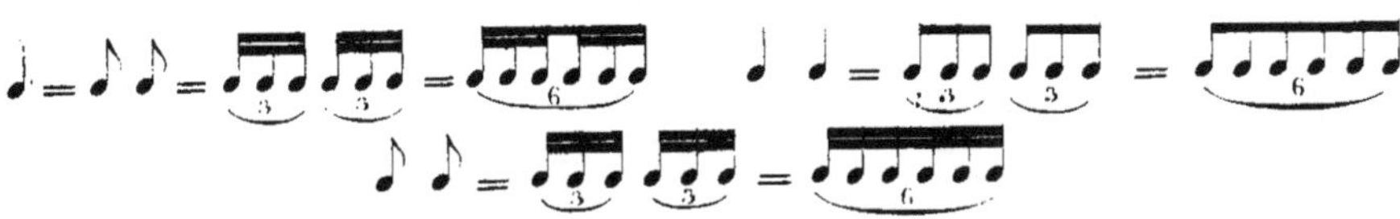

MESURE À 3 TEMPS (3/4).

LE SIXAIN.

On appelle **Sixain** la subdivision de chacune des **3** parties d'un **triolet** en **2** parties égales.

EXEMPLE:

MESURE À 4 TEMPS (C).

POINT D'ORGUE — POINT D'ARRÈT

Le signe 𝄐 se nomme *point d'orgue* s'il est placé sur une note et *point d'arrêt* s'il est placé sur un silence; il permet à l'exécutant ou à celui qui conduit un morceau d'ensemble de prolonger à volonté la durée d'une note ou d'un silence.

15me LEÇON.

LES SIGNES ALTÉRATIFS.

Le **DIÈSE**: ♯, le **BÉMOL**: ♭, le **BÉCARRE**: ♮.

1°. Le **Dièse** ♯ *élève* d'un ½ *ton* le son d'une note devant laquelle il est placé.

2°. Le **Bémol** ♭ *baisse* d'un ½ *ton* le son de la note devant laquelle il est placé.

Toutes les notes dans la *même mesure* qui succèdent à des notes dièsées ou bémolisées de *même nom* doivent également être *haussées* ou *baissées*.

3°. Le **Bécarre** ♮ sert à *annuler* l'effet du Dièse ou du Bémol et remet la note altérée et les notes succédantes de *même nom* dans la même mesure au *son naturel*.

Les Dièses ou Bémols placés au commencement d'un morceau après la clef se nomment: **l'armure de la clef** et indiquent que *toutes les notes* de *même nom* qu'ils marquent sur les lignes et dans les interlignes doivent être considérées comme dièsées ou bémolisées.

On se sert quelquefois d'un **double dièse** x pour hausser d'un *second* ½ *ton* la note déjà dièsée. Ex: Fa, Fa ♯, Fa x.

On se sert de même d'un **double bémol** ♭♭ pour baisser d'un *second* ½ *ton* la note déjà bémolisée. Ex: Si, Si ♭, Si ♭♭.

TABLE DES MATIÈRES

PREMIÈRE PARTIE

DEUXIÈME PARTIE

IMPRIMERIE CENTRALE DES CHEMINS DE FER — A. CHAIX ET Cie, RUE BERGÈRE, 20. — 5730-5.

www.ingramcontent.com/pod-product-compliance
Ingram Content Group UK Ltd.
Pitfield, Milton Keynes, MK11 3LW, UK
UKHW020515180726
13839UKWH00005B/2111